PCC

A breve história da ascensão, do reinado, da ideologia e das controvérsias do Partido Comunista Chinês; Mao Zedung, Xi Jinping e outros

Isenção de responsabilidade

1

Introdução

O Partido Comunista Chinês (PCC), oficialmente Partido Comunista da China (CPC), é o partido fundador e único partido governante da República Popular da China (RPC). Sob a liderança de Mao Zedong, o PCC saiu vitorioso da Guerra Civil Chinesa contra o Kuomintang. Em 1949, Mao proclamou o estabelecimento da República Popular da China. Desde então, o PCC tem governado a China e tem controle exclusivo sobre o Exército de Libertação Popular (ELP). Cada líder sucessivo do PCC acrescentou suas próprias teorias à constituição do partido, que descreve a ideologia do partido, coletivamente chamada de socialismo com características chinesas. Em 2022, o PCC tinha mais de 96 milhões de membros, o que o tornava o segundo maior partido político do mundo em número de membros, depois do Partido Bharatiya Janata da Índia.

Em 1921, Chen Duxiu e Li Dazhao lideraram a fundação do PCC com a ajuda do Bureau do Extremo Oriente do Partido Comunista da União Soviética e do Secretariado do Extremo Oriente da Internacional Comunista. Nos primeiros seis anos de sua história, o PCC se alinhou ao Kuomintang (KMT) como a ala esquerda organizada do movimento nacionalista mais amplo. Entretanto, quando a ala direita do KMT, liderada por Chiang Kai-shek, se voltou contra o PCC e massacrou dezenas de milhares de membros do partido, os dois partidos se dividiram e começaram uma guerra civil prolongada. Durante os dez anos seguintes de guerra de guerrilha, Mao Tse Tung se tornou a figura mais influente do PCC, e o partido estabeleceu uma base forte entre os camponeses rurais com suas políticas de reforma agrária. O apoio ao PCC continuou a crescer durante a Segunda Guerra Sino-Japonesa e, após a rendição japonesa em 1945, o PCC saiu triunfante na revolução comunista contra o governo do KMT. Após a retirada do KMT para Taiwan, o PCC estabeleceu a República Popular da China em 1º de outubro de 1949.

Mao Tse Tung continuou a ser o membro mais influente do PCC até sua morte em 1976, embora tenha se afastado periodicamente da liderança pública à medida que sua saúde piorava. Sob o comando de Mao, o partido concluiu seu programa de reforma agrária, lançou uma série de planos quinquenais e acabou se separando da União Soviética. Embora Mao tenha tentado expurgar o partido de elementos capitalistas e reacionários durante a

3

Revolução Cultural, após sua morte, essas políticas foram continuadas apenas brevemente pela Gangue dos Quatro, antes que uma facção menos radical assumisse o controle. Durante a década de 1980, Deng Xiaoping afastou o PCC da ortodoxia maoista e o direcionou para uma política de liberalização econômica. A explicação oficial para essas reformas era que a China ainda estava no estágio primário do socialismo, um estágio de desenvolvimento semelhante ao modo de produção capitalista. Desde o colapso do Bloco Oriental e a dissolução da União Soviética em 1991, o PCC enfatizou suas relações com os partidos governantes dos estados socialistas restantes e continua a participar da Reunião Internacional dos Partidos Comunistas e dos Trabalhadores todos os anos. O PCC também estabeleceu relações com vários partidos não comunistas, incluindo partidos nacionalistas dominantes de muitos países em desenvolvimento na África, Ásia e América Latina, bem como partidos social-democratas na Europa.

O Partido Comunista Chinês é organizado com base no centralismo democrático, um princípio que implica a discussão aberta de políticas sob a condição de unidade entre os membros do partido na defesa da decisão

4

acordada. O órgão máximo do PCC é o Congresso Nacional, convocado a cada cinco anos. Quando o Congresso Nacional não está em sessão, o Comitê Central é o órgão máximo, mas como esse órgão geralmente só se reúne uma vez por ano, a maioria dos deveres e responsabilidades é investida no Politburo e em seu Comitê Permanente. Os membros desse último são vistos como a principal liderança do partido e do estado. Atualmente, o líder do partido ocupa os cargos de secretário geral (responsável pelos deveres civis do partido), presidente da Comissão Militar Central (CMC) (responsável pelos assuntos militares) e presidente do estado (um cargo amplamente cerimonial). Devido a esses cargos, o líder do partido é visto como o líder supremo do país. O líder atual é Xi Jinping, que foi eleito no 18º Congresso Nacional realizado de 8 a 15 de novembro de 2012 e manteve seu cargo no 19º Congresso Nacional em 2017 e no 20º Congresso Nacional em 2022.

Tabela de conteúdo

Fundação e história inicial

O PCC tem suas origens no Movimento Quatro de Maio de 1919, durante o qual ideologias ocidentais radicais, como o marxismo e o anarquismo, ganharam força entre os intelectuais chineses. Outras influências decorrentes da revolução bolchevique e da teoria marxista inspiraram o PCC. Chen Duxiu e Li Dazhao foram os primeiros a apoiar publicamente o leninismo e a revolução mundial. Ambos consideravam a Revolução de Outubro na Rússia como inovadora, acreditando que ela anunciava uma nova era para os países oprimidos em todos os lugares. Os círculos de estudo eram, de acordo com Cai Hesen, "os rudimentos [do nosso partido]". Vários círculos de estudo foram estabelecidos durante o Movimento da Nova Cultura, mas em 1920 muitos ficaram céticos quanto à sua capacidade de promover reformas.

O PCC foi fundado em 1º de julho de 1921 com a ajuda do Bureau do Extremo Oriente do Partido Comunista da União Soviética e do Secretariado do Extremo Oriente da Internacional Comunista, de acordo com o relato oficial da história do partido. Entretanto, os documentos do partido sugerem que a data real de fundação do partido foi 23 de julho de 1921, o primeiro dia do 1º Congresso Nacional do PCC. O Congresso Nacional de fundação do PCC foi realizado de 23 a 31 de julho de 1921. Com apenas 50 membros no início de 1921, entre eles Chen Duxiu, Li Dazhao e Mao Tse Tung, a organização e as autoridades do PCC cresceram tremendamente. Embora tenha sido realizado originalmente em uma casa na Concessão Francesa de Xangai, a polícia francesa interrompeu a reunião em 30 de julho e o congresso foi transferido para um barco turístico no Lago Sul em Jiaxing, província de Zhejiang. Uma dúzia de delegados participou do congresso, mas nem Li nem Chen puderam comparecer, e o último enviou um representante pessoal em seu lugar. As resoluções do congresso pediram a criação de um partido comunista como uma filial da Internacional Comunista (Comintern) e elegeram Chen como seu líder. Em seguida, Chen atuou como o primeiro secretário geral do Partido Comunista e foi chamado de "Lênin da China".

Os soviéticos esperavam fomentar forças pró-soviéticas no Leste Asiático para lutar contra países anticomunistas, principalmente o Japão. Eles tentaram entrar em contato com o senhor da guerra Wu Peifu, mas não conseguiram. Os soviéticos, então, entraram em contato com o Kuomintang (KMT), que liderava o governo de Guangzhou paralelamente ao governo de Beiyang. Em 6 de outubro de 1923, o Comintern enviou Mikhail Borodin a Guangzhou, e os soviéticos estabeleceram relações amigáveis com o KMT. O Comitê Central do PCC, o líder soviético Joseph Stalin e o Comintern esperavam que o PCC acabasse controlando o KMT e chamavam seus oponentes de "direitistas". O líder do KMT, Sun Yat-sen, amenizou o conflito entre os comunistas e seus oponentes. O número de membros do PCC cresceu tremendamente depois do 4º congresso em 1925, de 900 para 2.428. O PCC ainda trata Sun Yat-sen como um dos fundadores de seu movimento e reivindica sua descendência, pois ele é visto como um protocomunista e o elemento econômico da ideologia de Sun era o socialismo. Sun declarou: "Nosso princípio de subsistência é uma forma de comunismo".

Os comunistas dominavam a ala esquerda do KMT e lutavam pelo poder com as facções de direita do partido. Quando Sun Yat-sen morreu em março de 1925, ele foi sucedido por um direitista, Chiang Kai-shek, que iniciou ações para marginalizar a posição dos comunistas. Chiang, ex-assistente de Sun, não era ativamente anticomunista naquela época, embora odiasse a teoria da luta de classes e a tomada do poder pelo PCC. Os comunistas propuseram a remoção do poder de Chiang. Quando Chiang ganhou gradualmente o apoio dos países ocidentais, o conflito entre ele e os comunistas se tornou cada vez mais intenso. Chiang pediu que o Kuomintang se unisse ao Comintern para descartar a expansão secreta dos comunistas dentro do KMT, enquanto Chen Duxiu esperava que os comunistas se retirassem completamente do KMT.

Em abril de 1927, tanto Chiang quanto o PCC estavam se preparando para o conflito. Recém-saído do sucesso da Expedição do Norte para derrubar os senhores da guerra, Chiang Kai-shek se voltou contra os comunistas, que agora eram dezenas de milhares em toda a China. Ignorando as ordens do governo do KMT, sediado em Wuhan, ele marchou sobre Xangai, uma cidade controlada por milícias comunistas. Embora os comunistas tenham saudado a chegada de Chiang, ele se voltou contra eles, massacrando 5.000 pessoas com a ajuda da Gangue Verde. Em seguida, o exército de Chiang marchou para

Wuhan, mas foi impedido de tomar a cidade pelo general
do PCC Ye Ting e suas tropas. Os aliados de Chiang
também atacaram os comunistas; por exemplo, em
Pequim, Li Dazhao e 19 outros comunistas importantes
foram executados por Zhang Zuolin. Irritado com esses
acontecimentos, o movimento camponês apoiado pelo
PCC tornou-se mais violento. Ye Dehui, um famoso
acadêmico, foi morto por comunistas em Changsha e,
como vingança, o general do KMT, He Jian, e suas tropas
mataram a tiros centenas de milicianos camponeses. Em
maio daquele ano, dezenas de milhares de comunistas e
seus simpatizantes foram mortos pelas tropas do KMT, e o
PCC perdeu aproximadamente 15.000 de seus 25.000
membros.

Guerra Civil Chinesa e Segunda Guerra Sino-Japonesa

O PCC continuou apoiando o governo do KMT de Wuhan,
mas em 15 de julho de 1927 o governo de Wuhan
expulsou todos os comunistas do KMT. O PCC reagiu
fundando o Exército Vermelho dos Trabalhadores e
Camponeses da China, mais conhecido como "Exército
Vermelho", para combater o KMT. Um batalhão liderado
pelo General Zhu De recebeu a ordem de tomar a cidade

de Nanchang em 1º de agosto de 1927, no que ficou conhecido como o levante de Nanchang. Inicialmente bem-sucedidos, Zhu e suas tropas foram forçados a recuar após cinco dias, marchando para o sul até Shantou e, de lá, sendo levados para a região selvagem de Fujian. Mao Tsé-Tung foi nomeado comandante-chefe do Exército Vermelho e liderou quatro regimentos contra Changsha na Revolta da Colheita de Outono, na esperança de desencadear revoltas camponesas em Hunan. Seu plano era atacar a cidade controlada pelo KMT de três direções em 9 de setembro, mas o Quarto Regimento desertou para a causa do KMT, atacando o Terceiro Regimento. O exército de Mao chegou a Changsha, mas não conseguiu tomá-la; em 15 de setembro, ele aceitou a derrota, com 1.000 sobreviventes marchando para o leste, para as montanhas Jinggang de Jiangxi.

A quase destruição do aparato organizacional urbano do PCC levou a mudanças institucionais dentro do partido. O partido adotou o centralismo democrático, uma forma de organizar partidos revolucionários, e estabeleceu um politburo para funcionar como o comitê permanente do comitê central. O resultado foi o aumento da centralização do poder dentro do partido. Em todos os níveis do partido,

13

isso foi duplicado, com comitês permanentes agora sob controle efetivo. Depois de ser expulso do partido, Chen Duxiu passou a liderar o movimento trotskista da China. Li Lisan conseguiu assumir o controle de *fato* da organização do partido em 1929-1930. A liderança de Li foi um fracasso, deixando o PCC à beira da destruição. O Comintern se envolveu e, no final de 1930, seus poderes foram retirados. Em 1935, Mao havia se tornado membro do Comitê Permanente do Politburo do PCC e líder militar informal do partido, com Zhou Enlai e Zhang Wentian, o chefe formal do partido, atuando como seus representantes informais. O conflito com o KMT levou à reorganização do Exército Vermelho, com o poder agora centralizado na liderança por meio da criação de departamentos políticos do PCC encarregados de supervisionar o exército.

O Incidente de Xian, em dezembro de 1936, interrompeu o conflito entre o PCC e o KMT. Sob a pressão do marechal Zhang Xueliang e do PCC, Chiang Kai-shek finalmente concordou com uma Segunda Frente Unida focada em repelir os invasores japoneses. Embora a frente tenha existido formalmente até 1945, toda a colaboração entre os dois partidos havia efetivamente terminado em 1940.

14

Apesar de sua aliança formal, o PCC aproveitou a oportunidade para expandir e criar bases independentes de operações para se preparar para a guerra que se aproximava com o KMT. Em 1939, o KMT começou a restringir a expansão do PCC na China. Isso levou a confrontos frequentes entre as forças do PCC e do KMT, que diminuíram rapidamente com a percepção de ambos os lados de que a guerra civil em meio a uma invasão estrangeira não era uma opção. Em 1943, o PCC estava novamente expandindo ativamente seu território às custas do KMT.

Mao Zedong se tornou o presidente do PCC em 1945. Depois da rendição japonesa em 1945, a guerra entre o PCC e o KMT recomeçou com seriedade. O período de 1945 a 1949 teve quatro estágios; o primeiro foi de agosto de 1945 (quando os japoneses se renderam) a junho de 1946 (quando as negociações de paz entre o PCC e o KMT terminaram). Em 1945, o KMT tinha três vezes mais soldados sob seu comando do que o PCC e inicialmente parecia estar prevalecendo. Com a cooperação dos EUA e do Japão, o KMT conseguiu retomar a maior parte do país. Entretanto, o governo do KMT sobre os territórios reconquistados mostrou-se impopular devido à corrupção política endêmica. Apesar de sua superioridade numérica, o KMT não conseguiu reconquistar os territórios rurais que constituíam a fortaleza do PCC. Na mesma época, o PCC lançou uma invasão na Manchúria, com a ajuda da União Soviética. O segundo estágio, que durou de julho de 1946 a junho de 1947, viu o KMT estender seu controle sobre as principais cidades, como Yan'an, a sede do PCC, durante grande parte da guerra. Os sucessos do KMT foram vazios; o PCC havia se retirado taticamente das cidades e, em vez disso, minou o governo do KMT instigando protestos entre estudantes e intelectuais. O KMT respondeu a essas manifestações com repressão pesada. Enquanto isso, o KMT lutava contra brigas internas entre facções e o controle autocrático de Chiang Kai-shek sobre o partido, o que enfraqueceu sua capacidade de reagir aos ataques. O terceiro estágio, que durou de julho de 1947 a agosto de 1948, viu uma contraofensiva limitada do PCC. O objetivo era limpar a "China Central, fortalecer o norte da China e recuperar o nordeste da China". Essa operação, juntamente com as deserções militares do KMT, fez com que o KMT perdesse 2 milhões de seus 3 milhões de soldados na primavera de 1948 e viu um declínio significativo no apoio ao governo do KMT. Consequentemente, o PCC conseguiu cortar as

16

guarnições do KMT na Manchúria e retomar vários territórios. O último estágio, que durou de setembro de 1948 a dezembro de 1949, viu os comunistas partirem para a ofensiva e o colapso do governo do KMT na China continental como um todo. A proclamação de Mao da fundação da República Popular da China em 1º de outubro de 1949 marcou o fim da segunda fase da Guerra Civil Chinesa (ou Revolução Comunista Chinesa, como é chamada pelo PCC).

Proclamação da RPC e a década de 1950

Mao proclamou a fundação da República Popular da China (RPC) diante de uma grande multidão na Praça Tiananmen em 1º de outubro de 1949. O PCC liderou o Governo Popular Central. Desde essa época até a década de 1980, os principais líderes do PCC (como Mao Zedong, Lin Biao, Zhou Enlai e Deng Xiaoping) eram, em grande parte, os mesmos líderes militares anteriores à fundação da RPC. Como resultado, os laços pessoais informais entre os líderes políticos e militares dominavam as relações entre civis e militares.

Stalin propôs uma constituição de partido único quando Liu Shaoqi visitou a União Soviética em 1952. A Constituição da RPC em 1954 aboliu posteriormente o governo de coalizão anterior e estabeleceu o sistema de partido único do PCC. Mao disse que a China deveria implementar um sistema multipartidário sob a liderança do PCC no 8º Congresso do PCC em 1956. Ele não havia feito essa proposta anteriormente, mas, mesmo assim, o PCC manteve a maior parte de seu poder político mesmo depois do anúncio. Em 1957, o PCC lançou a Campanha Anti-Direitista contra dissidentes políticos e figuras proeminentes de partidos menores, o que resultou na perseguição política de pelo menos 550.000 pessoas. A campanha prejudicou significativamente a natureza pluralista limitada da república socialista e solidificou o status do país como um estado de partido único *de fato*.

A Campanha Antidireitista levou aos resultados catastróficos do Segundo Plano Quinquenal de 1958 a 1962, conhecido como o Grande Salto Adiante. Em um esforço para transformar o país de uma economia agrária em uma economia industrializada, o PCC coletivizou as terras agrícolas, formou comunas populares e desviou a mão de obra para as fábricas. A má administração geral e

o exagero das colheitas pelos funcionários do PCC
levaram à Grande Fome Chinesa, que resultou em cerca
de 15 a 45 milhões de mortes, tornando-se a maior fome
registrada na história.

Divisão sino-soviética e Revolução Cultural

Durante as décadas de 1960 e 1970, o PCC passou por
uma separação ideológica significativa do Partido
Comunista da União Soviética, que estava passando por
um período de "desestalinização" sob o comando de Nikita
Khrushchev. Nessa época, Mao começou a dizer que a
"revolução contínua sob a ditadura do proletariado"
estipulava que os inimigos de classe continuavam a existir
mesmo que a revolução socialista parecesse estar
completa, o que levou à Revolução Cultural, na qual
milhões de pessoas foram perseguidas e mortas. Durante
a Revolução Cultural, líderes do partido, como Liu Shaoqi,
Deng Xiaoping, Peng Dehuai e He Long, foram
expurgados ou exilados, e a Gangue dos Quatro, liderada
pela esposa de Mao, Jiang Qing, surgiu para preencher o
vácuo de poder deixado para trás.

Reformas sob Deng Xiaoping

19

Após a morte de Mao, em 1976, houve uma luta pelo poder entre o presidente do PCC, Hua Guofeng, e o vice-presidente, Deng Xiaoping. Deng venceu a disputa e tornou-se o líder supremo da China em 1978. Deng, juntamente com Hu Yaobang e Zhao Ziyang, liderou as políticas de "reforma e abertura" e introduziu o conceito ideológico do socialismo com características chinesas, abrindo a China para os mercados mundiais. Ao reverter algumas das políticas "esquerdistas" de Mao, Deng argumentou que um estado socialista poderia usar a economia de mercado sem ser capitalista. Ao mesmo tempo em que afirmava o poder político do PCC, a mudança na política gerou um crescimento econômico significativo. Isso foi justificado com base no fato de que "A prática é o único critério para a verdade", um princípio reforçado por um artigo de 1978 que visava combater o dogmatismo e criticava a política "Two Whatevers". A nova ideologia, entretanto, foi contestada em ambos os lados do espectro, pelos maoístas à esquerda da liderança do PCC, bem como por aqueles que apoiavam a liberalização política. Com outros fatores sociais, os conflitos culminaram nos protestos e no massacre da Praça Tiananmen em 1989. Depois que os protestos foram esmagados e o secretário geral do partido reformista,

Zhao Ziyang, foi colocado em prisão domiciliar, as políticas econômicas de Deng foram retomadas e, no início da década de 1990, o conceito de uma economia de mercado socialista foi introduzido. Em 1997, as crenças de Deng (oficialmente chamadas de "Teoria de Deng Xiaoping") foram incorporadas à constituição do PCC.

Reformas adicionais sob Jiang Zemin e Hu Jintao

O secretário geral do PCC, Jiang Zemin, sucedeu Deng como líder supremo na década de 1990 e deu continuidade à maioria de suas políticas. Na década de 1990, o PCC se transformou de uma liderança revolucionária veterana, que estava liderando militar e politicamente, em uma elite política cada vez mais renovada de acordo com as normas institucionalizadas na burocracia civil. A liderança foi amplamente selecionada com base em regras e normas sobre promoção e aposentadoria, formação educacional e conhecimento técnico e gerencial. Há um grupo separado de oficiais militares profissionalizados, servindo sob a liderança do PCC, em grande parte por meio de relacionamentos formais dentro dos canais institucionais.

Como parte do legado nominal de Jiang Zemin, o PCC ratificou os "Três Representantes" para a revisão de 2003 da constituição do partido, como uma "ideologia orientadora" para incentivar o partido a representar "forças produtivas avançadas, o curso progressivo da cultura da China e os interesses fundamentais do povo". A teoria legitimou a entrada de proprietários de empresas privadas e elementos burgueses no partido. Hu Jintao, o sucessor de Jiang Zemin como secretário geral, assumiu o cargo em 2002. Ao contrário de Mao, Deng e Jiang Zemin, Hu enfatizou a liderança coletiva e se opôs ao domínio do sistema político por um único homem. A insistência em focar no crescimento econômico levou a uma ampla gama de problemas sociais graves. Para lidar com eles, Hu introduziu dois conceitos ideológicos principais: a "Perspectiva Científica do Desenvolvimento" e a "Sociedade Socialista Harmoniosa". Hu renunciou ao cargo de secretário geral do PCC e presidente do CMC no 18º Congresso Nacional realizado em 2012, e foi sucedido em ambos os cargos por Xi Jinping.

Liderança de Xi Jinping

Desde que assumiu o poder, Xi iniciou uma ampla campanha anticorrupção, ao mesmo tempo em que centralizou os poderes no cargo de secretário geral do PCC em detrimento da liderança coletiva das décadas anteriores. Os comentaristas descreveram a campanha como uma parte definidora da liderança de Xi, bem como "a principal razão pela qual ele conseguiu consolidar seu poder de forma tão rápida e eficaz". Comentaristas estrangeiros o compararam a Mao. A liderança de Xi também supervisionou um aumento do papel do Partido na China. Xi incluiu sua ideologia, que leva seu próprio nome, na constituição do PCC em 2017. Como foi especulado, Xi Jinping não se aposentou de seus cargos mais altos depois de servir por 10 anos em 2022.

Desde 2014, o PCC tem liderado esforços em Xinjiang que envolvem a detenção de mais de 1 milhão de uigures e outras minorias étnicas em campos de internamento, bem como outras medidas repressivas. Isso foi descrito como um genocídio por acadêmicos e alguns governos. Por outro lado, um grande número de países assinou uma carta escrita para o Conselho de Direitos Humanos apoiando as políticas como um esforço para combater o terrorismo na região.

23

As comemorações do 100º aniversário da fundação do PCC, um dos Dois Centenários, ocorreram em 1º de julho de 2021.

Em 6 de julho de 2021, Xi presidiu a Cúpula do Partido Comunista da China e dos Partidos Políticos Mundiais, que envolveu representantes de 500 partidos políticos de 160 países. Xi pediu aos participantes que se opusessem aos "bloqueios tecnológicos" e à "dissociação do desenvolvimento" a fim de trabalhar para "construir uma comunidade com um futuro compartilhado para a humanidade".

Ideologia do PCC

Ideologia formal

A ideologia central do partido evoluiu com cada geração distinta de liderança chinesa. Como tanto o PCC quanto o Exército de Libertação Popular promovem seus membros de acordo com a antiguidade, é possível discernir gerações distintas de liderança chinesa. No discurso oficial, cada grupo de liderança é identificado com uma extensão distinta da ideologia do partido. Os historiadores estudaram vários períodos do desenvolvimento do governo da República Popular da China com referência a essas "gerações".

O marxismo-leninismo foi a primeira ideologia oficial do PCC. De acordo com o PCC, "o marxismo-leninismo revela as leis universais que governam o desenvolvimento da história da sociedade humana". Para o PCC, o marxismo-leninismo fornece uma "visão das contradições na sociedade capitalista e da inevitabilidade de uma futura sociedade socialista e comunista". De acordo com o *People's Daily*, o Pensamento de Mao Tsé-Tung "é o marxismo-leninismo aplicado e desenvolvido na China". O

Pensamento de Mao Tsé-Tung foi concebido não apenas por Mao Tsé-Tung, mas também pelos principais funcionários do partido.

A Teoria de Deng Xiaoping foi adicionada à constituição do partido no 14º Congresso Nacional em 1992. Os conceitos de "socialismo com características chinesas" e "o estágio primário do socialismo" foram creditados à teoria. A Teoria de Deng Xiaoping pode ser definida como uma crença de que o socialismo de Estado e o planejamento estatal não são, por definição, comunistas, e que os mecanismos de mercado são neutros em relação às classes. Além disso, o partido precisa reagir às mudanças da situação de forma dinâmica; para saber se uma determinada política é obsoleta ou não, o partido deve "buscar a verdade nos fatos" e seguir o slogan "a prática é o único critério para a verdade". No 14º Congresso Nacional, Jiang reiterou o mantra de Deng de que não era necessário perguntar se algo era socialista ou capitalista, pois o fator importante era se funcionava.

Os "Três Representantes", a contribuição de Jiang Zemin para a ideologia do partido, foi adotada pelo partido no 16º Congresso Nacional. Os Três Representantes definem o papel do PCC e enfatizam que o partido deve sempre representar os requisitos para o desenvolvimento das forças produtivas avançadas da China, a orientação da cultura avançada da China e os interesses fundamentais da maioria esmagadora do povo chinês". Certos segmentos dentro do PCC criticaram os Três Representantes como sendo não marxistas e uma traição aos valores marxistas básicos. Os partidários o consideravam como um desenvolvimento adicional do socialismo com características chinesas. Jiang discordava e concluiu que alcançar o modo de produção comunista, conforme formulado pelos primeiros comunistas, era mais complexo do que se imaginava e que era inútil tentar forçar uma mudança no modo de produção, pois ele tinha de se desenvolver naturalmente, seguindo as leis econômicas da história. A teoria é mais notável por permitir que os capitalistas, oficialmente chamados de "novos estratos sociais", se filiem ao partido com base no fato de que eles se engajaram em "trabalho honesto" e, por meio de seu trabalho, contribuíram "para a construção do socialismo com características chinesas".

Em 2003, a 3ª Sessão Plenária do 16º Comitê Central concebeu e formulou a ideologia da Perspectiva Científica do Desenvolvimento (SOD). Ela é considerada a contribuição de Hu Jintao para o discurso ideológico oficial. O SOD incorpora o socialismo científico, o desenvolvimento sustentável, o bem-estar social, uma sociedade humanista, maior democracia e, por fim, a criação de uma Sociedade Socialista Harmoniosa. De acordo com declarações oficiais do PCC, o conceito integra "o marxismo com a realidade da China contemporânea e com as características subjacentes de nossos tempos, e incorpora totalmente a visão de mundo marxista e a metodologia para o desenvolvimento".

O Pensamento de Xi Jinping sobre o Socialismo com Características Chinesas para uma Nova Era, comumente conhecido como Pensamento de Xi Jinping, foi adicionado à constituição do partido no 19º Congresso Nacional em 2017. O próprio Xi descreveu o pensamento como parte da ampla estrutura criada em torno do socialismo com características chinesas. Na documentação oficial do partido e nos pronunciamentos dos colegas de Xi, diz-se que o Pensamento é uma continuação das ideologias anteriores do partido como parte de uma série de ideologias orientadoras que incorporam o "marxismo

adaptado às condições chinesas" e considerações
contemporâneas.

O partido combina elementos do patriotismo socialista e
do nacionalismo chinês.

Economia

Deng não acreditava que a diferença fundamental entre o
modo de produção capitalista e o modo de produção
socialista fosse o planejamento central versus mercados
livres. Ele disse: "Uma economia planejada não é a
definição de socialismo, porque há planejamento no
capitalismo; a economia de mercado também acontece no
socialismo. O planejamento e as forças de mercado são
ambas formas de controlar a atividade econômica". Jiang
Zemin apoiou o pensamento de Deng e declarou em uma
reunião do partido que não importava se um determinado
mecanismo era capitalista ou socialista, pois a única coisa
que importava era se ele funcionava. Foi nessa reunião
que Jiang Zemin introduziu o termo economia de mercado
socialista, que substituiu a "economia de mercado
socialista planejada" de Chen Yun. Em seu relatório para o
14º Congresso Nacional, Jiang Zemin disse aos delegados

que o estado socialista "permitiria que as forças de mercado desempenhassem um papel básico na alocação de recursos". No 15º Congresso Nacional, a linha do partido foi alterada para "fazer com que as forças de mercado desempenhem ainda mais seu papel na alocação de recursos"; essa linha continuou até a 3ª Sessão Plenária do 18º Comitê Central, quando foi alterada para "deixar que as forças de mercado desempenhem um papel *decisivo* na alocação de recursos". Apesar disso, a 3ª Sessão Plenária do 18º Comitê Central manteve o credo "Manter o domínio do setor público e fortalecer a vitalidade econômica da economia estatal".

O PCC vê o mundo como organizado em dois campos opostos: socialista e capitalista. Eles insistem que o socialismo, com base no materialismo histórico, acabará triunfando sobre o capitalismo. Nos últimos anos, quando o partido foi solicitado a explicar a globalização capitalista que está ocorrendo, o partido voltou aos escritos de Karl Marx. Apesar de admitir que a globalização se desenvolveu por meio do sistema capitalista, os líderes e teóricos do partido argumentam que a globalização não é intrinsecamente capitalista. A razão é que, se a globalização fosse puramente capitalista, ela excluiria uma forma socialista alternativa de modernidade. Portanto, a globalização, assim como a economia de mercado, não tem um caráter de classe específico (nem socialista nem capitalista), de acordo com o partido. A insistência de que a globalização não é fixa em sua natureza vem da insistência de Deng de que a China pode buscar a modernização socialista incorporando elementos do capitalismo. Por causa disso, há um otimismo considerável dentro do PCC de que, apesar do atual domínio capitalista da globalização, a globalização pode ser transformada em um veículo de apoio ao socialismo.

Análise e crítica do PCC

Enquanto os analistas estrangeiros geralmente concordam que o PCC rejeitou o marxismo-leninismo ortodoxo e o pensamento de Mao Tse Tung (ou pelo menos os pensamentos básicos dentro do pensamento ortodoxo), o próprio PCC discorda. Os críticos do PCC argumentam que Jiang Zemin encerrou o compromisso formal do partido com o marxismo-leninismo com a introdução da teoria ideológica, os Três Representantes. Entretanto, o teórico do partido Leng Rong discorda, afirmando que "o presidente Jiang livrou o partido dos obstáculos ideológicos aos diferentes tipos de propriedade... Ele não desistiu do marxismo ou do socialismo. Ele fortaleceu o Partido ao fornecer uma compreensão moderna do marxismo e do socialismo - e é por isso que falamos de uma 'economia de mercado socialista' com características chinesas". A conquista do verdadeiro "comunismo" ainda é descrita como o "objetivo final" do PCC e da China. Embora o PCC afirme que a China está no estágio primário do socialismo, os teóricos do partido argumentam que o atual estágio de desenvolvimento "se parece muito com o capitalismo". Como alternativa, alguns teóricos do partido argumentam que "o capitalismo é o estágio inicial ou primeiro estágio do comunismo". Alguns descartaram o conceito de um estágio primário do socialismo como cinismo intelectual. Por exemplo, Robert Lawrence Kuhn, ex-conselheiro estrangeiro do governo chinês, declarou: "Quando ouvi esse raciocínio pela primeira vez, achei que era mais cômico do que inteligente - uma caricatura irônica de propagandistas de hackers divulgada por cínicos intelectuais. Mas o horizonte de 100 anos vem de teóricos políticos sérios".

O cientista político e sinologista americano David Shambaugh argumenta que, antes da campanha "A prática é o único critério para a verdade", a relação entre ideologia e tomada de decisões era dedutiva, o que significa que a formulação de políticas era derivada do conhecimento ideológico. Entretanto, sob a liderança de Deng, essa relação foi invertida, com a tomada de decisões justificando a ideologia. Os formuladores de políticas chineses descreveram a ideologia estatal da União Soviética como "rígida, sem imaginação, ossificada e desconectada da realidade", acreditando que esse foi um dos motivos da dissolução da União Soviética. Portanto, argumenta Shambaugh, os formuladores de políticas chineses acreditam que a ideologia de seu partido deve ser dinâmica para salvaguardar o governo do partido.

O sinologista britânico Kerry Brown argumenta que o PCC não tem uma ideologia e que a organização do partido é pragmática e está interessada apenas no que funciona. O próprio partido argumenta contra essa afirmação. Hu Jintao declarou em 2012 que o mundo ocidental está "ameaçando nos dividir" e que "a cultura internacional do Ocidente é forte enquanto nós somos fracos... Os campos ideológico e cultural são nossos principais alvos". Dessa forma, o PCC se esforça muito nas escolas do partido e na elaboração de sua mensagem ideológica.

Governança do PCC

Liderança coletiva

A liderança coletiva, a ideia de que as decisões serão tomadas por meio de consenso, é o ideal do PCC. O conceito tem suas origens em Lênin e no Partido Bolchevique russo. No nível da liderança central do partido, isso significa que, por exemplo, todos os membros do Comitê Permanente do Politburo têm a mesma posição (cada membro tem apenas um voto). Um membro do Comitê Permanente do Politburo geralmente representa um setor; durante o reinado de Mao, ele controlava o Exército de Libertação do Povo, Kang Sheng, o aparato de segurança, e Zhou Enlai, o Conselho de Estado e o Ministério das Relações Exteriores. Isso conta como poder informal. Apesar disso, em uma relação paradoxal, os membros de um órgão são classificados hierarquicamente (apesar do fato de que os membros são, em teoria, iguais uns aos outros). Informalmente, a liderança coletiva é comandada por um "núcleo de liderança", ou seja, o líder supremo, a pessoa que ocupa os cargos de secretário geral do PCC, presidente do CMC e presidente da RPC. Antes do mandato de Jiang Zemin como líder supremo, o núcleo do partido e a liderança coletiva eram indistinguíveis. Na prática, o núcleo não era responsável perante a liderança coletiva. Entretanto, na época de Jiang, o partido havia começado a propagar um sistema de responsabilidade, referindo-se a ele em pronunciamentos oficiais como o "núcleo da liderança coletiva".

Centralismo democrático

O princípio organizacional do PCC é o centralismo democrático, um princípio que implica a discussão aberta da política sob a condição de unidade entre os membros do partido na defesa da decisão acordada. Ele se baseia em dois princípios: democracia (sinônimo no discurso oficial de "democracia socialista" e "democracia interna do partido") e centralismo. Esse tem sido o princípio organizacional orientador do partido desde o 5º Congresso Nacional, realizado em 1927. Nas palavras da constituição do partido, "O partido é um órgão integral organizado de acordo com seu programa e constituição e com base no centralismo democrático". Mao certa vez brincou que o centralismo democrático era "ao mesmo tempo democrático e centralizado, com os dois aparentes opostos da democracia e da centralização unidos em uma forma definida". Mao afirmou que a superioridade do centralismo democrático estava em suas contradições internas, entre democracia e centralismo, e liberdade e disciplina. Atualmente, o PCC está afirmando que "a democracia é a tábua de salvação do partido, a tábua de salvação do socialismo". Mas para que a democracia seja implementada e funcione adequadamente, é necessário que haja centralização. O objetivo do centralismo democrático não era obliterar o capitalismo ou suas políticas, mas, em vez disso, é o movimento em direção à regulamentação do capitalismo enquanto envolve o socialismo e a democracia. A democracia em qualquer forma, afirma o PCC, precisa de centralismo, pois sem centralismo não haverá ordem.

Shuanggui

Shuanggui é um processo disciplinar intrapartidário conduzido pela Comissão Central de Inspeção Disciplinar (CCDI). Essa instituição de controle interno formalmente independente realiza *shuanggui* em membros acusados de "violações disciplinares", uma acusação que geralmente se refere à corrupção política. O processo, que se traduz literalmente como "dupla regulamentação", tem como objetivo extrair confissões dos membros acusados de violar as regras do partido. De acordo com a Dui Hua Foundation, táticas como queimaduras de cigarro, espancamentos e simulação de afogamento estão entre as usadas para extrair confissões. Outras técnicas relatadas incluem o uso de alucinações induzidas, com um sujeito desse método relatando que "No final, eu estava tão exausto que concordei com todas as acusações contra mim, mesmo que fossem falsas".

Frente unida

O PCC emprega uma estratégia política que ele chama de "trabalho de frente unida" que envolve grupos e indivíduos importantes que são influenciados ou controlados pelo PCC e usados para promover seus interesses. O trabalho da frente unida é gerenciado principalmente, mas não exclusivamente, pelo Departamento de Trabalho da Frente Unida (UFWD). Historicamente, a frente unida tem sido uma frente popular que inclui oito partidos políticos legalmente permitidos, além de outras organizações populares que têm representação nominal no Congresso Nacional do Povo e na Conferência Consultiva Política do

Povo Chinês (CPPCC). Entretanto, a CPPCC é um órgão sem poder real. Embora as consultas ocorram, elas são supervisionadas e dirigidas pelo PCC. Sob o comando de Xi Jinping, a frente unida e seus alvos de influência aumentaram de tamanho e escopo.

Organização do PCC

Organização central

O Congresso Nacional é o órgão máximo do partido e, desde o 9º Congresso Nacional em 1969, tem sido convocado a cada cinco anos (antes do 9º Congresso, eles eram convocados de forma irregular). De acordo com o estatuto do partido, um congresso não pode ser adiado, exceto "em circunstâncias extraordinárias". O estatuto do partido confere ao Congresso Nacional seis responsabilidades:

1. eleger o Comitê Central;
2. eleger a Comissão Central de Inspeção Disciplinar (CCDI);
3. examinar o relatório do Comitê Central cessante;
4. examinar o relatório do CCDI que está saindo;
5. Discutir e aprovar políticas do partido; e,
6. revisar o estatuto do partido.

Na prática, os delegados raramente discutem as questões em profundidade nos Congressos Nacionais. A maior parte das discussões substantivas ocorre antes do congresso, no período de preparação, entre um grupo dos 40 principais líderes do partido. Entre os Congressos Nacionais, o Comitê Central é a mais alta instituição de tomada de decisões. O CCDI é responsável por supervisionar o sistema interno anticorrupção e de ética do partido. Entre os congressos, o CCDI está sob a autoridade do Comitê Central.

O Comitê Central, como a mais alta instituição decisória do partido entre os congressos nacionais, elege vários órgãos para realizar seu trabalho. A primeira sessão plenária de um comitê central recém-eleito elege o secretário geral do Comitê Central, o líder do partido; a Comissão Militar Central (CMC); o Politburo; o Comitê Permanente do Politburo (PSC); e, desde 2013, a Comissão Central de Segurança Nacional (CNSC). O primeiro plenário também aprova a composição do Secretariado e a liderança da CCDI. De acordo com a constituição do partido, o secretário geral deve ser membro do Comitê Permanente do Politburo (PSC) e é responsável por convocar reuniões do PSC e do Politburo, além de presidir o trabalho do Secretariado. O Politburo "exerce as funções e os poderes do Comitê Central quando um plenário não está em sessão". O PSC é a mais alta instituição de tomada de decisões do partido quando o

41

Politburo, o Comitê Central e o Congresso Nacional não estão reunidos. Ele se reúne pelo menos uma vez por semana. Foi estabelecido no 8º Congresso Nacional, em 1958, para assumir a função de formulação de políticas anteriormente assumida pelo Secretariado. O Secretariado é o principal órgão de implementação do Comitê Central e pode tomar decisões dentro da estrutura política estabelecida pelo Politburo; ele também é responsável por supervisionar o trabalho das organizações que se reportam diretamente ao Comitê Central, por exemplo, departamentos, comissões, publicações e assim por diante. O CMC é a mais alta instituição de tomada de decisões sobre assuntos militares dentro do partido e controla as operações do Exército de Libertação Popular. O secretário geral, desde Jiang Zemin, também atua como presidente do CMC. Diferentemente do ideal de liderança coletiva de outros órgãos do partido, o presidente do CMC atua como comandante-em-chefe, com total autoridade para nomear ou demitir oficiais militares de alto escalão à vontade. O CNSC "coordena estratégias de segurança em vários departamentos, incluindo inteligência, forças armadas, relações exteriores e polícia, a fim de lidar com os crescentes desafios à estabilidade interna e externa". O secretário geral atua como presidente do CNSC.

42

Um primeiro plenário do Comitê Central também elege os chefes de departamentos, bureaus, grupos de liderança central e outras instituições para realizar seu trabalho durante um mandato (um "mandato" é o período que decorre entre os congressos nacionais, geralmente cinco anos). O Escritório Geral é o "centro nervoso" do partido, responsável pelo trabalho administrativo cotidiano, incluindo comunicações, protocolo e definição de agendas para reuniões. Atualmente, o PCC tem quatro departamentos centrais principais: o Departamento de Organização, responsável por supervisionar as nomeações provinciais e examinar os quadros para futuras nomeações, o Departamento de Publicidade (anteriormente "Departamento de Propaganda"), que supervisiona a mídia e formula a linha do partido para a mídia, o Departamento Internacional, que funciona como o "ministério de relações exteriores" do partido com outros partidos, e o Departamento de Trabalho da Frente Unida, que supervisiona o trabalho com os partidos não comunistas do país, organizações de massa e grupos de influência fora do país. O CC também tem controle direto sobre o Escritório Central de Pesquisa de Políticas, responsável pela pesquisa de questões de interesse significativo para a liderança do partido, a Escola Central

43

do Partido, que oferece treinamento político e doutrinação ideológica no pensamento comunista para quadros de alto escalão e em ascensão, o Centro de Pesquisa da História do Partido, que define as prioridades para a pesquisa acadêmica nas universidades estatais e na Escola Central do Partido, e o Escritório de Compilação e Tradução, que estuda e traduz as obras clássicas do marxismo. O jornal do partido, o *People's Daily*, está sob o controle direto do Comitê Central e é publicado com o objetivo de "contar boas histórias sobre a China e o (Partido)" e promover o líder do partido. As revistas teóricas *Seeking Truth from Facts* e *Study Times* são publicadas pela Escola Central do Partido. O China Media Group, que supervisiona a China Central Television (CCTV), a China National Radio (CNR) e a China Radio International (CRI), está sob o controle direto do Departamento de Publicidade. Os vários escritórios dos "Grupos Líderes Centrais", como o Escritório de Assuntos de Hong Kong e Macau, o Escritório de Assuntos de Taiwan e o Escritório Central de Finanças, também se reportam ao comitê central durante uma sessão plenária. Além disso, o PCC tem controle exclusivo sobre o Exército de Libertação Popular (ELP) por meio de sua Comissão Militar Central.

Organizações de nível inferior

Depois de tomar o poder político, o PCC estendeu o sistema de comando duplo partido-estado a todas as instituições governamentais, organizações sociais e entidades econômicas. O Conselho de Estado e a Suprema Corte têm, cada um, um grupo partidário, estabelecido desde novembro de 1949. Os comitês do partido estão presentes em todos os órgãos administrativos do estado, bem como nas Conferências de Consulta Popular e nas organizações de massa em todos os níveis. Seguindo o modelo do sistema soviético da Nomenklatura, o departamento de organização do comitê do partido em cada nível tem o poder de recrutar, treinar, monitorar, nomear e realocar esses funcionários.

Existem comitês do partido em nível de províncias, cidades, condados e bairros. Esses comitês desempenham um papel fundamental no direcionamento da política local, selecionando líderes locais e atribuindo tarefas críticas. O secretário do partido em cada nível é mais graduado do que o líder do governo, sendo o comitê permanente do PCC a principal fonte de poder. Os membros do comitê do partido em cada nível são selecionados pela liderança do nível acima, sendo que os líderes provinciais são selecionados pelo Departamento de Organização central e não podem ser removidos pelo secretário local do partido.

No entanto, em teoria, os comitês do partido são eleitos pelos congressos do partido em seu próprio nível. Os congressos locais do partido devem ser realizados a cada cinco anos, mas, em circunstâncias extraordinárias, podem ser realizados antes ou adiados. Entretanto, essa decisão deve ser aprovada pelo próximo nível superior do comitê local do partido. O número de delegados e os procedimentos para sua eleição são decididos pelo comitê local do partido, mas também devem ter a aprovação do próximo comitê superior do partido.

Um congresso local do partido tem muitas das mesmas funções que o Congresso Nacional e é responsável por examinar o relatório do comitê local do PCC no nível correspondente; examinar o relatório da Comissão local de Inspeção Disciplinar no nível correspondente; discutir e adotar resoluções sobre as principais questões da área em questão; e eleger o Comitê do Partido local e a Comissão local de Inspeção Disciplinar no nível correspondente. Os comitês do partido de "uma província, região autônoma, município diretamente subordinado ao governo central, cidade dividida em distritos ou prefeitura autônoma [são] eleitos para um mandato de cinco anos" e incluem membros titulares e suplentes. Os comitês partidários "de um condado (banner), condado autônomo, cidade não dividida em distritos ou distrito municipal [são] eleitos para um mandato de cinco anos", mas os membros titulares e suplentes "devem ter três anos ou mais de experiência no partido". Se um Congresso do Partido local for realizado antes ou depois da data determinada, o mandato dos membros do Comitê do Partido deverá ser reduzido ou aumentado de forma correspondente.

As vagas em um comitê do partido devem ser preenchidas por membros suplentes de acordo com a ordem de precedência, que é decidida pelo número de votos que um membro suplente obteve durante sua eleição. O comitê do partido deve se reunir para pelo menos duas reuniões plenárias por ano. Durante seu mandato, o comitê do partido deve "executar as diretrizes das organizações partidárias superiores seguintes e as resoluções dos congressos do partido nos níveis correspondentes". O comitê permanente local (análogo ao Politburo Central) é

47

eleito no primeiro plenário do comitê do partido correspondente após o congresso local do partido. Um comitê permanente é responsável perante o comitê do partido no nível correspondente e o comitê do partido no nível imediatamente superior. Um comitê permanente exerce os deveres e as responsabilidades do comitê do partido correspondente quando este não está em sessão.

Os comitês do PCC existem dentro das empresas, tanto privadas quanto estatais. Uma empresa que tenha mais de três membros do partido é legalmente obrigada a estabelecer um comitê ou filial.[227] A partir de 2021, mais da metade das empresas privadas da China tem essas organizações.[225] Essas filiais oferecem locais para a socialização de novos membros e organizam eventos para aumentar o moral dos membros existentes.[14] Elas também oferecem mecanismos que ajudam a liderança da empresa privada a se informar sobre as políticas governamentais relacionadas a seus campos.[225–226] Em média, a lucratividade das empresas privadas com uma filial do PCC é 12,6% maior do que a lucratividade das empresas privadas.[230]

Dentro das empresas estatais, essas filiais são órgãos administrativos que tomam decisões importantes e inculcam a ideologia do PCC nos funcionários.[15]

Os comitês ou filiais do partido dentro das empresas também oferecem vários benefícios aos funcionários.[228–229] Esses benefícios podem incluir bônus, empréstimos sem juros, programas de orientação e serviços médicos gratuitos e outros serviços para os necessitados.[228–229] As empresas que têm filiais do partido geralmente oferecem benefícios mais abrangentes para os funcionários nas áreas de aposentadoria, assistência médica, desemprego, lesões, nascimento e fertilidade.[229]

Financiamento

O financiamento de todas as organizações do PCC vem principalmente da receita fiscal do estado. Não há dados disponíveis sobre a proporção dos gastos totais das organizações do PCC em relação à receita fiscal total da China. Entretanto, ocasionalmente, pequenos governos locais na China divulgam esses dados. Por exemplo, em 10 de outubro de 2016, o governo local de Mengmao Township, Ruili City, província de Yunnan, divulgou um

49

relatório conciso de receitas e despesas fiscais para o ano de 2014. De acordo com esse relatório, a receita fiscal foi de RMB 29.498.933,58 e as despesas da organização do PCC foram de RMB 1.660.115,50, ou seja, 5,63% da receita fiscal é usada pelo PCC para sua própria operação. Esse valor é semelhante ao gasto com seguridade social e emprego de toda a cidade - RMB 1.683.064,90.

Membros do PCC

O PCC atingiu 96,71 milhões de membros no final de 2021. É o segundo maior partido político do mundo, depois do Partido Bharatiya Janata da Índia.

Para se filiar ao PCC, o candidato deve passar por um processo de aprovação.[53–56] Os adultos podem apresentar pedidos de filiação em sua filial local do partido.[53] Segue-se um processo de pré-seleção, semelhante a uma verificação de antecedentes.[53] Em seguida, membros estabelecidos do partido na seção local examinam o comportamento e as atitudes políticas dos candidatos e podem fazer uma consulta formal a uma seção do partido próxima à residência dos pais do candidato para verificar a lealdade da família ao comunismo e ao partido.[53] Em 2014, apenas 2 milhões de inscrições foram aceitas de um total de 22 milhões de candidatos. Os membros admitidos passam então um ano como membros probatórios. Em geral, os membros probatórios são aceitos no partido.[55]

Em contraste com o passado, quando a ênfase era colocada nos critérios ideológicos dos candidatos, o PCC atual enfatiza as qualificações técnicas e educacionais. Para se tornar um membro em experiência, o candidato deve fazer um juramento de admissão diante da bandeira do partido. A organização relevante do PCC é responsável por observar e educar os membros em experiência. Os membros probatórios têm deveres semelhantes aos dos membros plenos, com a exceção de que não podem votar nas eleições do partido nem se candidatar a uma eleição. Muitos se filiam ao PCC por meio da Liga da Juventude Comunista. Sob o comando de Jiang Zemin, foi permitido que empresários privados se tornassem membros do partido. De acordo com a constituição do PCC, um membro, em resumo, deve seguir as ordens, ser disciplinado, manter a unidade, servir ao partido e ao povo e promover o modo de vida socialista. Os membros têm o privilégio de participar das reuniões do partido, ler os documentos relevantes do partido, receber educação do partido, participar das discussões do partido por meio dos jornais e revistas do partido, fazer sugestões e propostas, fazer "críticas bem fundamentadas a qualquer organização ou membro do partido nas reuniões do partido" (até mesmo à liderança central do partido), votar e se candidatar a eleições, e se opor e criticar as resoluções do partido ("desde que eles cumpram resolutamente a resolução ou a política enquanto ela estiver em vigor"); e têm a capacidade de "apresentar qualquer solicitação, apelo ou reclamação a organizações superiores do Partido, até mesmo ao Comitê Central, e solicitar às organizações em questão uma resposta responsável"." Nenhuma organização do partido, incluindo a liderança central do PCC, pode privar um membro desses direitos.

Em 30 de junho de 2016, os indivíduos que se identificavam como agricultores, pastores e pescadores eram 26 milhões de membros; os membros que se identificavam como trabalhadores totalizavam 7,2 milhões. Outro grupo, a "equipe gerencial, profissional e técnica em empresas e instituições públicas", era de 12,5 milhões, 9 milhões se identificavam como funcionários administrativos e 7,4 milhões se descreviam como quadros do partido.

Em 2021, os membros do PCC tinham se tornado mais instruídos, mais jovens e menos operários do que antes. Em 2022, cerca de 30 a 35% dos empreendedores chineses são ou foram membros do partido.[13]

28,43 milhões de mulheres são membros do PCC (menos de um terço do partido). As mulheres na China têm baixas taxas de participação como líderes políticas. A desvantagem das mulheres é mais evidente em sua grave sub-representação nos cargos políticos mais poderosos. No nível mais alto de tomada de decisões, nenhuma mulher jamais esteve entre os nove membros do Comitê Permanente do Politburo do Partido Comunista. Apenas 3 dos 27 ministros do governo são mulheres e, o que é mais importante, desde 1997, a China caiu do 16º para o 53º lugar no mundo em termos de representação feminina em seu parlamento, o Congresso Nacional do Povo, de acordo com a União Interparlamentar. Os líderes do PCC, como Zhao Ziyang, têm se oposto vigorosamente à participação das mulheres no processo político. Dentro do partido, as mulheres enfrentam um teto de vidro.

Liga da Juventude Comunista

A Liga da Juventude Comunista (CYL) é a ala jovem do PCC e a maior organização de massa para jovens na China. De acordo com a constituição do PCC, a CYL é uma "organização de massa de jovens avançados sob a liderança do Partido Comunista da China; funciona como uma escola do partido onde um grande número de jovens aprende sobre o socialismo com características chinesas e sobre o comunismo por meio da prática; é a força assistente e de reserva do partido". Para participar, o candidato deve ter entre 14 e 28 anos de idade. O CYL controla e supervisiona a Young Pioneers, uma organização juvenil para crianças com menos de 14 anos de idade. A estrutura organizacional do CYL é uma cópia exata da do PCC; o órgão mais alto é o Congresso Nacional, seguido pelo Comitê Central, pelo Politburo e pelo Comitê Permanente do Politburo. Entretanto, o Comitê Central (e todos os órgãos centrais) do CYL trabalham sob a orientação da liderança central do PCC. Portanto, em uma situação peculiar, os órgãos do CYL são responsáveis tanto pelos órgãos superiores do CYL quanto pelo PCC, uma organização distinta. No 17º Congresso Nacional (realizado em 2013), o CYL tinha 89 milhões de membros.

Símbolos do PCC

No início de sua história, o PCC não tinha um único padrão oficial para a bandeira, mas permitia que os comitês individuais do partido copiassem a bandeira do Partido Comunista da União Soviética. O Politburo Central decretou o estabelecimento de uma única bandeira oficial em 28 de abril de 1942: "A bandeira do CPC tem a proporção de 3:2 entre comprimento e largura, com um martelo e uma foice no canto superior esquerdo e sem estrela de cinco pontas. O Bureau Político autoriza o Escritório Geral a confeccionar sob medida uma série de bandeiras padrão e distribuí-las a todos os principais órgãos".

De acordo com o *People's Daily*, "a bandeira padrão do partido tem 120 centímetros (cm) de comprimento e 80 cm de largura. No centro do canto superior esquerdo (um quarto do comprimento e da largura da borda) há um martelo e uma foice amarelos com 30 cm de diâmetro. A manga da bandeira (bainha do mastro) é branca e tem 6,5 cm de largura. A dimensão da bainha do mastro não está incluída na medida da bandeira. A cor vermelha simboliza a revolução; o martelo e a foice são ferramentas de trabalhadores e camponeses, o que significa que o Partido Comunista da China representa os interesses das massas e do povo; a cor amarela significa brilho." No total, a bandeira tem cinco dimensões, os tamanhos são "nº 1: 388 cm de comprimento e 192 cm de largura; nº 2: 240 cm de comprimento e 160 cm de largura; nº 3: 192 cm de comprimento e 128 cm de largura; nº 4: 144 cm de comprimento e 96 cm de largura; nº 5: 96 cm de comprimento e 64 cm de largura".

Em 21 de setembro de 1966, o Escritório Geral do PCC emitiu as "Regulamentações sobre a Produção e o Uso da Bandeira e do Emblema do PCC", que afirmavam que o emblema e a bandeira eram os símbolos e sinais oficiais do partido. O artigo 53 da constituição do PCC afirma que "o emblema e a bandeira do partido são o símbolo e o sinal do Partido Comunista da China".

Facções

A existência de facções na China não é controversa. Edgar Snow relata as opiniões dos líderes comunistas seniores sobre as facções no início da década de 1930 (pp. 169, 176, 359). William Whitson supõe que a liderança militar do partido reconhecia a existência de facções "com base em laços históricos de confiança e segurança mútua" (p. 514) e usava esse entendimento para determinar as designações. Ele achava que as facções se limitavam aos níveis mais altos da elite e não necessariamente se estendiam pelas fileiras. Durante a Revolução Cultural, entretanto, as facções eram verticais e generalizadas.

Entre as características compartilhadas que podem incentivar o desenvolvimento da lealdade faccional estão a origem provincial (idioma, dialeto, culinária), a experiência histórica compartilhada (a Longa Marcha, por exemplo) e o combate. Lucian Pye vê as facções como "relações pessoais e particularistas que garantem que a pessoa não seja apenas parte do rebanho comum, mas que tenha laços especiais com superiores e inferiores" (p. N14). Lowell Dittmer e outros observam a existência de facções na política do Leste Asiático. No Partido Comunista Chinês, os expurgos das décadas de 1950, 1960 e 1970 apóiam a noção de que os líderes chineses conheciam as facções e as manipulavam. Os generais He Long e Peng Dehuai viram seus seguidores serem afastados antes da GPCR, assim como o lado do partido liderado por Liu

Shaoqi na década de 1960. Após a morte de Mao Zedong (setembro de 1976), a Gangue dos Quatro foi expurgada por um alinhamento de facções lideradas por antigos soldados, comissários políticos, anciãos do partido e burocratas.

- Gang of Four
- Novo Exército de Zhijiang
- Princelas
- Grupo Tsinghua
- Grupo de Xangai
- Tuanpai
- Sociedade Xishan

澳門四界救災會回國服務團第六七隊出發留影
香港同胞、台灣同胞、海外僑胞和海外華人，先後捐獻900多個抗日團體，以各種方式支援祖國抗戰。1937年8月12日，澳門學術界、音樂界、體育界、戲劇界救災會成立，簡稱"澳門四界救災會"，圖為澳門四界救災會回國服務團第六、七隊出發時留影。

Relações entre partidos

O Departamento de Ligação Internacional do PCC é responsável pelo diálogo com os partidos políticos globais.

Partidos comunistas

O PCC continua a manter relações com partidos comunistas e de trabalhadores que não estão no poder e participa de conferências comunistas internacionais, principalmente da Reunião Internacional de Partidos Comunistas e de Trabalhadores. Enquanto o PCC mantém contato com os principais partidos, como o Partido Comunista de Portugal, o Partido Comunista da França, o Partido Comunista da Federação Russa, o Partido Comunista da Boêmia e Morávia, o Partido Comunista do Brasil, o Partido Comunista da Grécia, o Partido Comunista do Nepal e o Partido Comunista da Espanha, o partido também mantém relações com partidos comunistas e de trabalhadores menores, como o Partido Comunista da Austrália, o Partido dos Trabalhadores de Bangladesh, o Partido Comunista de Bangladesh (Marxista-Leninista) (Barua), o Partido Comunista do Sri Lanka, o Partido dos Trabalhadores da Bélgica, o Partido dos Trabalhadores Húngaros, o Partido dos Trabalhadores Dominicanos, o Partido dos Trabalhadores Camponeses do Nepal e o Partido para a Transformação de Honduras, por exemplo. Nos últimos anos, observando a auto-reforma do movimento social-democrata europeu nas décadas de 1980 e 1990, o PCC "notou o aumento da marginalização dos partidos comunistas da Europa Ocidental".

Partidos governantes de estados socialistas

O PCC tem mantido relações estreitas com os partidos governantes dos estados socialistas que ainda defendem o comunismo: Cuba, Laos, Coreia do Norte e Vietnã. O PCC gasta um bom tempo analisando a situação dos estados socialistas remanescentes, tentando chegar a conclusões sobre por que esses estados sobreviveram enquanto tantos outros não sobreviveram, após o colapso dos estados socialistas do Leste Europeu em 1989 e a dissolução da União Soviética em 1991. Em geral, as análises dos estados socialistas remanescentes e suas chances de sobrevivência têm sido positivas, e o PCC acredita que o movimento socialista será revitalizado em algum momento no futuro.

O partido governante no qual o PCC está mais interessado é o Partido Comunista do Vietnã (CPV). Em geral, o CPV é considerado um exemplo de desenvolvimento socialista na era pós-soviética. Os analistas chineses sobre o Vietnã acreditam que a introdução da política de reforma Doi Moi no 6º Congresso Nacional do CPV é o principal motivo do sucesso atual do Vietnã.

Embora o PCC seja provavelmente a organização com mais acesso à Coreia do Norte, escrever sobre a Coreia do Norte é muito restrito. Os poucos relatórios acessíveis ao público em geral são aqueles sobre as reformas econômicas da Coreia do Norte. Embora os analistas chineses da Coreia do Norte tendam a falar positivamente da Coreia do Norte em público, em discussões oficiais a partir de 2008 eles demonstram muito desdém pelo sistema econômico da Coreia do Norte, pelo culto à personalidade que permeia a sociedade, pela família Kim, pela ideia de sucessão hereditária em um estado socialista, pelo estado de segurança, pelo uso de recursos escassos no Exército Popular Coreano e pelo empobrecimento geral do povo norte-coreano. Por volta de 2008, há analistas que comparam a situação atual da

Coreia do Norte com a da China durante a Revolução Cultural. Ao longo dos anos, o PCC tentou persuadir o Partido dos Trabalhadores da Coreia (ou WPK, o partido governista da Coreia do Norte) a introduzir reformas econômicas mostrando a eles a infraestrutura econômica principal da China. Por exemplo, em 2006, o PCC convidou o então secretário geral do WPK, Kim Jong-il, para ir a Guangdong para mostrar o sucesso que as reformas econômicas trouxeram à China. Em geral, o PCC considera o WPK e a Coreia do Norte como exemplos negativos de um partido comunista e de um estado socialista no poder.

Há um grau considerável de interesse em Cuba dentro do PCC. Fidel Castro, ex-primeiro-secretário do Partido Comunista de Cuba (PCC), é muito admirado, e foram escritos livros sobre os sucessos da Revolução Cubana. A comunicação entre o PCC e o PCC aumentou desde a década de 1990. Na 4ª Sessão Plenária do 16º Comitê Central, que discutiu a possibilidade de o PCC aprender com outros partidos governantes, o PCC foi muito elogiado. Quando Wu Guanzheng, membro do Politburo Central, encontrou-se com Fidel Castro em 2007, ele lhe entregou uma carta pessoal escrita por Hu Jintao: "Os fatos mostraram que a China e Cuba são bons amigos confiáveis, bons camaradas e bons irmãos que se tratam com sinceridade. A amizade entre os dois países resistiu ao teste de uma situação internacional mutável, e a amizade se fortaleceu e se consolidou ainda mais."

Partidos não comunistas

Desde o declínio e a queda do comunismo na Europa Oriental, o PCC começou a estabelecer relações de partido para partido com partidos não comunistas. Essas relações são buscadas para que o PCC possa aprender com eles. Por exemplo, o PCC está ansioso para entender como o Partido de Ação Popular de Cingapura (PAP) mantém seu domínio total sobre a política de Cingapura por meio de sua "presença discreta, mas com controle total". De acordo com a análise do próprio PCC sobre Cingapura, o domínio do PAP pode ser explicado por sua "rede social bem desenvolvida, que controla os eleitorados de forma eficaz, estendendo seus tentáculos profundamente na sociedade por meio de ramos do governo e grupos controlados pelo partido". Embora o PCC aceite que Cingapura seja uma democracia liberal, ele a vê como uma democracia guiada, liderada pelo PAP.

Outras diferenças são, de acordo com o PCC, "o fato de não ser um partido político baseado na classe trabalhadora - em vez disso, é um partido político da elite. ... Ele também é um partido político do sistema parlamentar, não um partido revolucionário". Outros partidos que o PCC estuda e com os quais mantém fortes relações partidárias são a Organização Nacional dos Malaios Unidos, que governou a Malásia (1957-2018, 2020-2022), e o Partido Liberal Democrático no Japão, que dominou a política japonesa desde 1955.

Desde a época de Jiang Zemin, o PCC tem feito propostas amigáveis ao seu antigo inimigo, o Kuomintang. O PCC enfatiza as fortes relações entre partidos com o KMT para fortalecer a probabilidade de reunificação de Taiwan com a China continental. Entretanto, vários estudos foram escritos sobre a perda de poder do KMT em 2000, depois de ter governado Taiwan desde 1949 (o KMT governou oficialmente a China continental de 1928 a 1949). Em geral, os estados de partido único ou de partido dominante são de interesse especial para o partido e as relações de partido a partido são formadas para que o PCC possa estudá-los. A longevidade do Ramo Regional Sírio do Partido Ba'ath Socialista Árabe é atribuída à

personalização do poder na família al-Assad, ao forte
sistema presidencial, à herança do poder, que passou de
Hafez al-Assad para seu filho Bashar al-Assad, e ao papel
dado aos militares sírios na política.

Por volta de 2008, o PCC tem se interessado
especialmente pela América Latina, como mostra o
número crescente de delegados enviados e recebidos
desses países. De especial fascínio para o PCC é o
governo de 71 anos do Partido Revolucionário Institucional
(PRI) no México. Enquanto o PCC atribuía o longo reinado
do PRI no poder ao forte sistema presidencial,
aproveitando a cultura machista do país, sua postura
nacionalista, sua estreita identificação com a população
rural e a implementação da nacionalização junto com a
mercantilização da economia, o PCC concluiu que o PRI
fracassou devido à falta de democracia interna do partido,
sua busca pela democracia social, suas estruturas
partidárias rígidas que não podiam ser reformadas, sua
corrupção política, a pressão da globalização e a
interferência americana na política mexicana. Embora o
PCC tenha demorado a reconhecer a maré rosa na
América Latina, ele fortaleceu as relações de partido a
partido com vários partidos políticos socialistas e

antiamericanos ao longo dos anos. O PCC
ocasionalmente expressou alguma irritação com a retórica
anticapitalista e antiamericana de Hugo Chávez. Apesar
disso, o PCC chegou a um acordo em 2013 com o Partido
Socialista Unido da Venezuela (PSUV), que foi fundado
por Chávez, para que o PCC educasse os quadros do
PSUV em campos políticos e sociais. Em 2008, o PCC
afirmou ter estabelecido relações com 99 partidos políticos
em 29 países da América Latina.

Os movimentos social-democratas na Europa têm sido de
grande interesse para o PCC desde o início da década de
1980. Com exceção de um curto período em que o PCC
estabeleceu relações de partido a partido com partidos de
extrema direita durante os anos 70, em um esforço para
deter o "expansionismo soviético", as relações do PCC
com os partidos social-democratas europeus foram seus
primeiros esforços sérios para estabelecer relações
cordiais de partido a partido com partidos não comunistas.
O PCC atribui aos social-democratas europeus a criação
de um "capitalismo com uma face humana". Antes da
década de 1980, o PCC tinha uma visão altamente
negativa e desdenhosa da social-democracia, uma visão
que remontava à Segunda Internacional e à visão

69

marxista-leninista sobre o movimento social-democrata. Na década de 1980, essa visão havia mudado e o PCC concluiu que poderia realmente aprender algo com o movimento social-democrata. Os delegados do PCC foram enviados a toda a Europa para observar. Na década de 1980, a maioria dos partidos social-democratas europeus estava enfrentando um declínio eleitoral e em um período de auto-reforma. O PCC acompanhou isso com grande interesse, dando mais importância aos esforços de reforma do Partido Trabalhista Britânico e do Partido Social Democrata da Alemanha. O PCC concluiu que ambos os partidos foram reeleitos porque se modernizaram, substituindo os princípios socialistas tradicionais do estado por novos princípios que apoiavam a privatização, abandonando a crença em um governo grande, concebendo uma nova visão do estado de bem-estar social, mudando suas visões negativas do mercado e passando de sua base de apoio tradicional de sindicatos para empresários, jovens e estudantes.

1921 2021
庆祝中国共产党成立100周年
The 100th Anniversary of the Founding of
The Communist party of China
福鼎市税务局党委　桐城街道富民社区党委